Inhalt

Chemiebranche 2011 - Was erwarten die deutschen und europäischen Unternehmen?

Kernthesen

Beitrag

Fallbeispiele

Zahlen und Fakten

Weiterführende Literatur

Impressum

GENIOS BranchenWissen Nr. 01/2011 vom 18.01.2011

Chemiebranche 2011 - Was erwarten die deutschen und europäischen Unternehmen?

A.Schneider

Kernthesen

- Die deutsche Chemiebranche wuchs 2010 kräftig. I m laufenden Jahr 2011 soll das Produktionswachstum mit voraussichtlich 2,5 Prozent moderater ausfallen und der Umsatz um weitere vier Prozent steigen.
- Der europäische Chemieverband stellte ein Wachstum in ähnlicher Größenordnung in Aussicht.
- Die Wachstumschancen im asiatisch-pazifischen und lateinamerikanischen Raum sollen in 2011 mit weiterem Kapazitätsausbau noch stärker wahrgenommen werden.

Beitrag

2011 - Das internationale Jahr der Chemie

Bereits Ende 2008 wurde auf Empfehlung der Internationalen Union für reine und angewandte Chemie (IUPAC) und der UNESCO durch die Vollversammlung der Vereinten Nationen beschlossen, das Jahr 2011 als das Internationale Jahr der Chemie auszurufen. Mit ein Grund für die Wahl dieses Jahres: Im November jährt sich zum hundertsten Mal die Verleihung des Chemienobelpreises an Marie Curie. Die Chemiebranche will das Jubiläum zum Anlass nehmen, um die Bedeutung der Chemie für eine nachhaltige Entwicklung der Lebensqualität der Menschen darzulegen. Was die Erwartung der Unternehmen zur Entwicklung der Branche angeht, wurde die Latte in 2010 allerdings hoch gelegt. (14)

Deutschland - Branchenverband wertet 2010 als Ausnahmejahr und dämpft Erwartungen für 2011

Das Jahr 2010 stand für die deutsche Chemiebranche ganz im Zeichen einer fantastischen konjunkturellen Erholung. Die Produktion legte um elf Prozent und der Umsatz um 17,5 Prozent auf 171 Milliarden Euro zu. Der Inlandsumsatz schwächelte noch: Er stieg zwar um 14 Prozent auf 71 Milliarden Euro, lag damit aber noch rund zehn Prozent unter dem Vorkrisenniveau von 2007. Das Geschäft mit den Kunden im Ausland entwickelte sich weit stärker: Es wuchs um zwanzig Prozent auf 99,6 Milliarden Euro und hat damit das Geschäftsvolumen aus der Zeit vor dem Einbruch schon wieder übertroffen. Insgesamt steuert die Produktion auf das Vorkrisenniveau zu, die Kapazitäten sind wieder normal ausgelastet, die Ertragslage der Unternehmen ist gut, die Investitionsbereitschaft kehrt zurück.
[Abb. 1]

Als ein Ausnahmejahr wertete der Verband der Chemischen Industrie (VCI) das vergangene Jahr. Im laufenden Jahr werde die Branche zwar weiter wachsen, aber die Dynamik werde wesentlich geringer sein; man werde zu den gewohnten Wachstumsraten zurückkehren. Die Chemieproduktion werde 2011 um 2,5 Prozent, der Umsatz um 4 Prozent steigen. Begründet wird diese verhaltene Erwartung damit, dass die Wachstumsaussichten der Industrieländer begrenzt seien. Dies werde sich auf das Exportgeschäft der deutschen Chemieunternehmen auswirken. Viele Länder würden in diesem Jahr einen Sparkurs fahren, um ihre Staatsverschuldung in den Griff zu bekommen. Man werde sehen, wie stark die wirtschaftlichen Auftriebskräfte wirklich seien. [Abb. 2] (1)

Europa: Weiteres moderates Wachstum der europäischen Chemiebranche dank Auslandsnachfrage

Der europäische Branchenverband Cefic veranschlagt in der europäischen Chemieindustrie für das Jahr 2010 insgesamt ein Produktionswachstum von zehn Prozent. Diese rasche Erholung verdankt Europas Chemiebranche einer starken Nachfrage aus Asien und Lateinamerika; die heimische Nachfrage hat keineswegs derart kräftig zugelegt und hinkt noch hinter dem Vorkrisenniveau her. Für das laufende Jahr 2011 stellt der Verband ebenfalls ein moderates Wachstum von 2,5 Prozent in Aussicht. (2)

Deutschland liegt gut im Rennen

Im europäischen Vergleich liegt die deutsche

Chemiebranche damit gut im Rennen. Sie hat im Superjahr 2010 Marktanteile gegenüber den europäischen Wettbewerbern gewonnen. In den ersten neun Monaten lagen die deutschen Chemieunternehmen besonders rasant auf der Überholspur und hingen nach Cefic-Angaben die anderen Europäer mit einem Wachstum von nahezu zwanzig Prozent sogar um fast sieben Prozentpunkte ab. Von Vorteil war, dass die deutsche Chemiebranche in der Krise weniger Kapazitäten stillgelegt hatte als die europäischen Wettbewerber und somit schneller wieder in Fahrt kam. Die Produktion der deutschen Chemiebranche liegt laut VCI inzwischen nur noch zwei Prozent unter dem Vorkrisenniveau, während die Branche europaweit laut Cefic noch fast sechs Prozent zurückliegt. (3)

Im laufenden Jahr wird der Umbau der Chemiebranche weitergehen. Dies zeigen die noch zum Jahresausklang und zum Jahresbeginn angekündigten Unternehmenszukäufe und -verkäufe. Das Geschäft mit höherwertigen Chemiespezialitäten soll gestärkt werden, aus den Basis- und Standardchemikalien hingegen ziehen sich etliche Konzerne sukzessive zurück. Die Unternehmenslenker haben die Wachstumspotenziale, die ihnen die prosperierenden Regionen im asiatisch-pazifischen und lateinamerikanischen Raum bieten, fest im Blick. In Zusammenarbeit mit den regional führenden

Konzernen sollen in den kommenden Jahren weitere Produktionskapazitäten für die Chemieproduktion aufgebaut werden.

Trends

Klimaschutz braucht Innovationen aus der Chemie

"Chemie - unser Leben, unsere Zukunft", so das Motto des Internationalen Jahres der Chemie. Ein Schwerpunktthema in dem Zusammenhang ist die nachhaltige Chemie. Hier sieht der Verband der Chemischen Industrie (VCI) auch einen Entwicklungsschwerpunkt für die Zukunft. Moderne Chemie kann unterstützen, dass Gebäude zu Energie-Plus-Häusern werden. Der Wirkungsgrad von Dämmstoffen wird kontinuierlich verbessert. Das Haus der Zukunft beinhaltet aber noch weitere Innovationen aus der Chemie: Wichtige Fortschritte bei der Solarenergie kommen regelmäßig aus den Labors der Chemie. Die Themen Klimaschutz und Nachhaltigkeit werden das Innovationspotenzial der Chemiebranche in den nächsten Jahren noch fordern. (14)

Fallbeispiele

Etliche Chemieunternehmen sind sehr zufrieden mit ihren Geschäftsergebnissen für 2010 und starten dynamisch ins neue Jahr mit ihren Strategien für weiteres Wachstum in 2011:

BASF
Der weltgrößte Chemiekonzern BASF mit 380 Produktionsstätten, beschloss das Jahr 2010 erfolgreich mit einem Umsatz in Höhe von 63 Milliarden Euro und einem operativen Gewinn von mehr als acht Milliarden Euro. Für 2011 halten Analysten einen Anstieg um je rund zehn Prozent für möglich. (4)
Zum Jahresende konnte BASF endlich einen Teilerfolg bei seinem Ausstieg aus dem Geschäft mit Styrolkunststoffen verbuchen, an dem das Unternehmen seit drei Jahren arbeitet. Mit dem britischen Petrochemie-Konzern Ineos vereinbarte BASF ein Gemeinschaftsunternehmen, in dem die beiden Konzerne ihre Styrolgeschäfte bündeln. Aus Styrol-Kunststoffen werden unter anderem Verpackungen sowie Gehäuse für Elektrogeräte hergestellt. (5)
In 2011 beabsichtigt der Ludwigshafener Konzern mit der chinesischen **Sinopec** im Gemeinschaftswerk Nanjing zusätzliche Kapazitäten für chemische Grund- und Zwischenprodukte aufzubauen und

dabei eine weitere Milliarde Euro zu investieren. Auch die Produktion in Malaysia soll ausgebaut werden. Insgesamt will BASF zwischen 2009 und 2020 den Umsatz in der Asien-Pazifik-Region auf 20 Milliarden Euro verdoppeln und bis 2013 rund zwei Milliarden Euro investieren. Auch in Belgien und Amerika soll investiert werden. Dort will BASF seine Kapazitäten zur Herstellung hochsaugfähiger Kunststoffe erweitern. (6), (7)

Bayer
Auch Pharma- und Chemiekonzern **Bayer** will am dynamischen Wachstum des asiatisch-pazifischen Raums noch stärker teilhaben und strebt dort eine Umsatzverdoppelung auf fünf Milliarden Euro bis 2015 an. Die Produktionskapazitäten für hochwertige Kunststoffmaterialien in Schanghai sollen erweitert werden. Investitionen von rund einer Milliarde Euro sind geplant. Die Verwaltung des Geschäftsbereichs Polycarbonat soll von Leverkusen nach Schanghai verlegt werden, um näher am Kunden zu sein. Die Forschungs- und Entwicklungsaktivitäten für Polymere sollen ausgebaut werden. Die Kapazitäten für Polyurethan-Rohstoff MDI, den Hochleistungskunststoff Polycarbonat und den Rohstoff HDI sollen deutlich erhöht werden. Die Materialien werden vor allem in der Automobilindustrie, in der Elektro- und Elektronikindustrie und in der Baubranche

verwendet. (8)

Lanxess

Der Leverkusener Spezialchemiekonzern **Lanxess** absolvierte 2010 eine rasante Ertragssteigerung: Das erwartete Ergebnis vor Zinsen, Steuern und Abschreibungen (Ebitda) ist auf rund 900 Milliarden Euro geklettert und liegt damit um rund 25 Prozent über dem Niveau des Vorkrisenjahres 2008. (9) Das Unternehmen besiegelte Ende 2010 mit der holländischen Royal DSM den Zukauf der DSM Elastomers. Damit verbessert Lanxess seine Position im Wachstumsmarkt für hochtechnischen Synthese-Kautschuk, der in den nächsten Jahren vor allem von der steigenden Nachfrage in China und Brasilien profitieren wird. Für 2011 gibt Lanxess zwar noch keine konkrete Prognose heraus, zeigt sich aber sehr optimistisch. Gestartet wurde das Jahr mit einer weiteren Übernahme: Der argentinische Hersteller von Trennmitteln für die Reifenindustrie Darmex wird übernommen, und Lanxess entwickelt sich dadurch zu einem weltweit führenden Anbieter in dieser Sparte. (10)
Zukäufe sollen auch weiter auf dem Strategiekurs bleiben. Der Firmenchef strebt an, zwei Drittel der Expansion durch organisches Wachstum zu erzielen und etwa ein Drittel durch Akquisitionen. Er ist vor allem an kleinen bis mittelgroßen Geschäften interessiert, die es ihm ermöglichen, seine führende

Wettbewerbsposition in den jeweiligen Bereichen auszubauen. Dabei hat der Konzernlenker vor allem China, Brasilien und Indien im Blick. Ein wichtiges Ziel ist beispielsweise der Aufbau zusätzlicher Kapazitäten für Hochleistungskautschuk zur Herstellung energieeffizienterer Hightech-Reifen. (9)

DSM
Der niederländische Spezialchemiekonzern **DSM** treibt seinerseits den Konzernumbau voran. Aus einem traditionellen Chemieunternehmen soll ein auf die Pfeiler Ernährung und Pharma sowie Werkstoffe gestützter Konzern werden. Dazu will DSM jetzt das amerikanische Unternehmen Martek Bioscience Corporation übernehmen, einen führenden Hersteller von Zutaten für Nahrungsmittel. Der Synthesekautschuk hingegen geht an Lanxess. (11)

Air Liquide
Auch **Air Liquide** aus Frankreich, der weltgrößte Hersteller von Industriegasen, hat ehrgeizige Wachstumspläne für die kommenden fünf Jahre. Bis zum Jahr 2015 wird eine jährliche Umsatzsteigerung von acht bis zehn Prozent angepeilt. Damit will Air Liquide stärker wachsen als der Markt, dessen Entwicklung auf ein Plus von sieben bis acht Prozent taxiert wird. Zwölf Milliarden Euro sollen investiert werden, was so viel ist wie der gesamte Umsatz des Konzerns in 2009. Der Umsatzanteil Asiens soll sich von heute 17 Prozent verdoppeln. Neue Mitarbeiter

sollen eingestellt werden, auch in Deutschland. (12)

Zahlen & Fakten

Abbildung 1:

Entwicklung wichtiger Kennzahlen in 2010

Indikatoren der deutschen chemischen Industrie für 2010

(Zahlen gerundet und geschätzt)

	Veränderung im Vergleich zu 2009 in Prozent	in Milliarden Euro
Umsatz	+17,5	170,6
Inland	+14,0	71,0
Ausland	+20,0	99,6
Export*	+17,5	143,8
Import	-16,5	100,8
Investitionen	+5,0	6,4

* Die Chemieexporte umfassen neben dem Auslandsumsatz,

also den direkten Verkäufen der Chemieunternehmen an

Abnehmer außerhalb der Landesgrenzen,

auch Verkäufe von Chemieerzeugnissen durch andere Wirtschaftszweige an ausländische Abnehmer.

Quelle: Verband der Chemischen Industrie e.V. (VCI)

Entnommen aus: Presseinformation vom 14. Dezember 2010, Kennzahlen, (13)

Abbildung 2:

Prognose des VCI für die deutsche Chemie in 2011

Indikator	erwarteter Zuwachs 2011 in Prozent
Produktion	+2,5
Erzeugerpreise	+1,5
Umsatz	+4,0

Quelle: Verband der Chemischen Industrie e.V. (VCI)

Entnommen aus: Presseinformation vom 14. Dezember 2010, Kennzahlen, (13)

Weiterführende Literatur

(1) Die Chemie wächst weiter, aber wesentlich langsamer
aus VDI NR. 50-51-52 VOM 17.12.2010 SEITE 19

(2) EU chemicals sector output to moderate next year compared with robust 2010
aus VDI NR. 50-51-52 VOM 17.12.2010 SEITE 19

(3) Deutsche Chemiekonzerne marschieren in Europa voran
aus Handelsblatt Nr. 243 vom 15.12.2010 Seite 20

(4) Nach scharfer Krise auf Rekordkurs
aus Frankfurter Allgemeine Zeitung, 03.12.2010, Nr. 282, S. 23

(5) BASF treibt Umbau der Chemie voran
aus Handelsblatt Nr. 233 vom 01.12.2010 Seite 26

(6) BASF plant weiteren Ausbau in China
aus Handelsblatt Nr. 246 vom 20.12.2010 Seite 23

(7) BASF baut in China, Belgien, Amerika

aus Frankfurter Allgemeine Zeitung, 18.12.2010, Nr. 295, S. 15

(8) Bayer investiert kräftig in den Zukunftsmarkt China
aus Frankfurter Allgemeine Zeitung, 10.12.2010, Nr. 288, S. 15

(9) Lanxess sieht sich in bester Verfassung
aus Frankfurter Allgemeine Zeitung, 15.12.2010, Nr. 292, S. 14

(10) Lanxess kauft zu
aus Frankfurter Allgemeine Zeitung, 13.01.2011, Nr. 10, S. 15

(11) Chemiekonzern DSM will Martek übernehmen
aus Frankfurter Allgemeine Zeitung, 22.12.2010, Nr. 298, S. 16

(12) Air Liquide erwartet hohes Wachstum für Industriegase
aus Frankfurter Allgemeine Zeitung, 14.12.2010, Nr. 291, S. 14

(13) Kennzahlen
aus Frankfurter Allgemeine Zeitung, 14.12.2010, Nr. 291, S. 14

(14) Internationales Jahr der Chemie steht vor der Tür
aus VDI NR. 01 VOM 07.01.2011 SEITE 11

Impressum

Chemiebranche 2011 - Was erwarten die deutschen und europäischen Unternehmen?

Bibliografische Information der deutschen Nationalbibliothek

Die Deutsche Nationalbibliothek verzeichnet diese Publikation in der deutschen Nationalbibliografie; detaillierte bibliografische Daten sind im Internet über http://dnb.d-nb.de abrufbar.

ISBN: 978-3-7379-2262-3

© 2015 GBI-Genios Deutsche Wirtschaftsdatenbank GmbH, Freischützstraße 96, 81927 München, www.genios.de

Alle Rechte vorbehalten. Dieses Werk ist einschließlich aller seiner Teile – z.B. Texte, Tabellen und Grafiken - urheberrechtlich geschützt. Jede Verwertung außerhalb der Grenzen des Urheberrechtsgesetzes bedarf der vorherigen Zustimmung des Verlags. Dies gilt insbesondere auch für auszugsweise Nachdrucke, fotomechanische

Vervielfältigungen (Fotokopie/Mikroskopie), Übersetzungen, Auswertungen durch Datenbanken oder ähnliche Einrichtungen und die Einspeicherung und Verarbeitung in elektronischen Systemen.